BEI GRIN MACHT SICH IHR
WISSEN BEZAHLT

AF140333

- Wir veröffentlichen Ihre Hausarbeit,
  Bachelor- und Masterarbeit

- Ihr eigenes eBook und Buch -
  weltweit in allen wichtigen Shops

- Verdienen Sie an jedem Verkauf

Jetzt bei www.GRIN.com hochladen
und kostenlos publizieren

Bibliografische Information der Deutschen Nationalbibliothek:

Die Deutsche Bibliothek verzeichnet diese Publikation in der Deutschen National-
bibliografie; detaillierte bibliografische Daten sind im Internet über http://dnb.d-
nb.de/ abrufbar.

Impressum:

Copyright © 2016 GRIN Verlag, Open Publishing GmbH
Druck und Bindung: Books on Demand GmbH, Norderstedt Germany
ISBN: 9783668297036

Dieses Buch bei GRIN:

http://www.grin.com/de/e-book/339972/microservices-konzept-merkmale-und-
technische-umsetzung

Sven Richter

Microservices. Konzept, Merkmale und technische Umsetzung

GRIN Verlag

GRIN - Your knowledge has value

Der GRIN Verlag publiziert seit 1998 wissenschaftliche Arbeiten von Studenten, Hochschullehrern und anderen Akademikern als eBook und gedrucktes Buch. Die Verlagswebsite www.grin.com ist die ideale Plattform zur Veröffentlichung von Hausarbeiten, Abschlussarbeiten, wissenschaftlichen Aufsätzen, Dissertationen und Fachbüchern.

Besuchen Sie uns im Internet:

http://www.grin.com/

http://www.facebook.com/grincom

http://www.twitter.com/grin_com

Microservices

Software Engineering

Hochschule für Okonomie und Management (FOM)

Studienrichtung: Wirtschaftsinformatik

vorgelegt von:	Sven Richter
Modul:	Software Engineering
Abgabetermin:	09.01.2016

Inhaltsverzeichnis

Abbildungsverzeichnis

1 Einleitung

Softwareentwicklungsprojekte starten häufig mit einer wohlstrukturierten Anwendung. Nach Jahren der Systementwicklung haben sich mehr und mehr Abhängigkeiten zwischen den Modulen eingeschlichen und ein *Deployment*-Monolith ist entstanden. Das führt zu Problemen bei der Änderbar- und Wartbarkeit und die ursprünglich geplante Softwarearchitektur genügt nicht mehr den aktuellen Anforderungen.

Diverse Komponententechnologien wie das CORBA *Component Model* haben sich über Jahre in der Softwareentwicklung etabliert, da sie die Komplexität von Softwareprojekten verringern wollen und zum Ziel haben, die Wartbarkeit von Code zu erhöhen. Microservices als neuer Begriff sind kleine, autonome Services und bieten ebenfalls einen Ansatz zur Modularisierung von Softwaresystemen. Dieses aktuelle Hype-Thema im Software Engineering soll insbesondere die Probleme monolithischer Architekturen lösen. Dabei nehmen Microservices sowohl Einfluss auf die Architektur als auch auf die Organisation und bieten technische Vorteile für eine nachhaltige Softwareentwicklung. Diesen Vorteilen stehen jedoch Herausforderungen – insbesondere beim Betrieb von Microservices – gegenüber.

Diese Seminararbeit hat zum Ziel, die Ideen hinter dem Modularisierungsansatz mit Microservices zu beschreiben. Zunächst werden die Eigenschaften einer monolithischen Architektur beschrieben. Darauffolgend bekommt der Leser den Begriff Microservice genauer erläutert. Dazu wird der Begriff aus verschiedenen Perspektiven beleuchtet, sodass das Konzept und die Merkmale von Microservices deutlich werden. Anschließend werden die Vorteile aus technischer und organisatorischer Sicht erläutert und sogleich die Herausforderungen dieses Ansatzes aufgezeigt. Der letzte Teil dieser Arbeit zeigt anhand eines praktischen Beispiels die Umsetzung einer Microservice-Architektur.

2 Monolithische Software-Architekturen

Gemäß Vogel et al. ist eine Software-Architektur eine Beschreibung der Softwarestrukturen und der Softwarebausteine eines IT-Systems. Ein IT-System ist in diesem Kontext eine Einheit von Software- und Hardwarebausteinen, welche zur Erfüllung eines fachlichen Ziels existieren. Die Architektur zeigt die sichtbaren Eigenschaften und Beziehungen der Softwarebausteine untereinander (vgl. Vogel et al., 2009, S. 34).

Software-Architekturen unterliegen allgemein einer großen Freiheit hinsichtlich ihrer Gestaltung. Neuentwicklungen starten gewiss nicht als großer Monolith. Anfangs ist die Anwendung schlank und Erweiterungen sind leicht zu realisieren. Im Laufe der Zeit entsteht mehr Software-Code. Um die wachsende Komplexität des Systems in den Griff zu bekommen, werden neue Schichten definiert und weitere Module, Services und Frameworks eingeführt. Dennoch ist ungewollt aus der schlanken Neuentwicklung das nächste Legacy-System entstanden (vgl. Steinacker, 2015).

Im Extremfall ist eine monolithische Software-Architektur ein homogenes Gebilde, welches die funktionalen Elemente einer Software untrennbar miteinander verbindet. Es erfolgt keine explizite Gliederung in Komponenten oder Teilsysteme. Das hat zur Folge, dass derartige Systeme an Hardware-Ressourcen, bestimmte Datenformate und proprietäre Schnittstellen gebunden sind. Da die Systemteile einer monolithischen Anwendung nur mit erheblichem Aufwand modifiziert werden können, ist ein weiterer Nachteil deren mangelnde Wartbar- und Erweiterbarkeit. Weiterhin ist aufgrund der starren Kopplung eine Lastenverteilung einzelner Dienste auf verteilte Systeme nicht möglich. Eine Skalierung bei Monolithen bedeutet, die gesamte Applikation auf weiteren Servern zu replizieren. Unvorhersehbare Nebeneffekte aufgrund einer mangelnden Modularisierung des Software-Systems stellen dabei ebenfalls einen Nachteil dar (vgl. Lipinski, 2015).

Trotz heutiger moderner Anwendungs-Architekturen mit abgegrenzten Komponenten sind viele große Systeme *Deployment*-Monolithen, die nur als Ganzes in Produktion gebracht werden können. Die *Build*-Laufzeiten können dabei mehrere Stunden betragen (vgl. Wolff, 2015).

3 Microservices

Das Softwareengineering als noch junge Disziplin erkundet immer bessere Methoden zur Systementwicklung. Eine neue Generation von Technologieunternehmen wie Amazon, Netflix und Facebook nutzen ganz verschiedene Ansätze bei der Einrichtung ihrer IT-Systeme. Aus dem Umfeld neuer Technologien und Ansätzen wie Virtualisierung, automatisierte Infrastrukturen, *Continuous Delivery* sind Microservices entstanden (vgl. Newman, 2015, S. 21).

Das folgende Kapitel zeigt, was unter Microservices zu verstehen ist, welche Vorteile Microservices bieten und welche Herausforderungen damit einhergehen.

3.1 Begriffsbestimmung

Der Begriff Microservice ist nicht fest definiert. Es handelt sich um einen Architekturstil zur Modularisierung einer komplexen Anwendungssoftware. Eine Microservice-Architektur unterteilt ein Software-System in eine Vielzahl kleiner Systeme, welche sich gegenseitig zuarbeiten. Ein einzelner Microservice kapselt eine abgeschlossene Funktionalität und wird unabhängig entwickelt und betrieben. Die Entwicklung eines einzelnen Services kann jeweils in der für den Service am besten geeignetsten Programmiersprache erfolgen. Die entwickelten Dienste respektive Services können unabhängig voneinander in Produktion gebracht werden. Jeder Service bietet zur Kollaboration mit anderen Microservices idealerweise eine technologieunabhängige Programmierschnittstelle (API). Bestenfalls arbeitet ein Entwicklerteam an seinem Service und ist weitgehend entkoppelt von anderen Teams (vgl. Daya, 2015, S. 4).

Unabhängig von unterschiedlichen Definitionsansätzen ist es sinnvoll, sich vielmehr mit den Eigenschaften bzw. den charakteristischen Merkmalen von Microservices zu beschäftigen, um ein ausreichendes Verständnis für diesen Begriff zu erlangen.

3.2 Charakteristika

Trotz unterschiedlicher Definitionen und Erklärungsansätze zum Thema Microservices, zeigen sich in den Erklärungsversuchen wiederkehrende Merkmale für eine Microservice-Architektur. Die bekannten Autoren und Softwarearchitekten Fowler und Lewis haben für den Microservice-Ansatz folgende Charakteristika identifiziert:

- Komponententrennung durch Services
- Strukturierung nach *Business-Capabilities*
- intelligente Dienste und einfache Kommunikation
- Produkte, nicht Projekte
- dezentrale *Governance*
- dezentrales Datenmanagement
- Automatisierung der Infrastruktur
- *Design for failure*
- evolutionäres Design

Eine Anwendung muss in diesem Zusammenhang nicht zwingend alle Eigenschaften erfüllen, um als Microservices bezeichnet zu werden.

Komponententrennung durch Services

Eine Komponente ist eine Softwareeinheit, welche unabhängig austauschbar und erweiterbar ist. Der Microservice-Ansatz verfolgt eine hochgradige Geschlossenheit. Services sollen lose miteinander gekoppelt sein, sodass eine Änderung an einem bestimmten Service keine Änderungen in anderen Services erfordert. Dadurch besteht grundsätzlich die Möglichkeit, die Microservices unabhängig voneinander zu *deployen*. Im Fall von Änderungen an den Service-Schnittstellen ist ggf. das *Deployment* von mehreren Services erforderlich (vgl. Fowler & Lewis, 2015, S. 14).

Strukturierung nach *Business-Capabilities*

Traditionell konzentriert sich die Zerlegung eines Softwaresystems auf die technischen Schichten. Das führt häufig zu einer Organisation in Benutzeroberflächen-, Backend- und Datenbank-Teams. Diese Trennung führt selbst bei kleinen Änderungen am System zu einem erheblichen Kommunikationsaufwand, da teamübergreifende Abstimmungen notwendig sind (vgl. Fowler & Lewis, 2015, S. 15).

Innerhalb einer Microservice-Architektur bildet dagegen jeder einzelne Service eine eigene fachliche Einheit. Dieses Vorgehen orientiert sich am Ansatz des *Domain-Driven-Designs* (DDD), welcher als Sammlung von zusammenhängenden Entwurfsmustern die Entwicklung von Software in komplexen Domänen unterstützt. Die Organisation der Teams erfolgt nach sogenannten *Business Capabilities*[1]. Das Ziel ist es, eine Anwendung so zu strukturieren, dass für neue Features oder Änderungen nur ein Service angepasst werden muss. Folglich implementieren Microservices durch den gesamten Technologie-Stack, inklusive Benutzeroberfläche, Datensicherung und Schnittstellenkommunikation. Die Teams arbeiten somit innerhalb ihrer Fachlichkeit funktionsübergreifend und sind damit weitgehend unabhängig von anderen Teams. Dieser Ansatz entspricht der Vorstellung von sogenannten *cross*-funktionalen Teams aus der agilen Softwareentwicklung (vgl. Wolff, 2016, S. 43–44).

Intelligente Dienste und einfache Kommunikation

---

[1] *Business Capabilities* sind benötigte Unternehmensfähigkeiten, welche einen zentralen Baustein innerhalb einer Unternehmensarchitektur darstellen (vgl. Zilske, 2014).

Das Ziel der Entwicklung einer Microservice-Architektur sind entkoppelte Services, welche die Eigenschaft der Kohäsion so gut wie möglich erfüllen. Folglich enthält jeder Service seine eigene Datenlogik. Microservices bedienen sich der Prinzipien und Protokolle, auf denen das *World Wide Web* aufgebaut ist. Services empfangen Anfragen zur Verarbeitung und beantworten diese. Für die Kommunikation zwischen den Services werden Protokolle wie REST (*Representational State Transfer*) verwendet. Dieses Protokoll wird von nahezu jeder Programmiersprache unterstützt und ist ein einfaches Protokoll im Vergleich zu Protokollen wie *Web Service Choreography* (vgl. Fowler & Lewis, 2015, S. 16).

Ein weiterer Ansatz zur Kommunikation zwischen den Services sind *Messaging-Systeme*. Diese Systeme basieren auf dem Austausch von Nachrichten über einen *Message-Bus*. Dabei können die Nachrichten an einen oder mehrere Services gehen. Insbesondere bei verteilten Systemen können mit dieser Methode trotz eines vorübergehenden Netzwerkausfalls Nachrichten durch eine Zwischenspeicherung im *Messaging-System* übertragen werden, sobald das Netzwerk wieder verfügbar ist (vgl. Wolff, 2016, S. 183).

Produkte, nicht Projekte

Ein weiteres Merkmal für Microservices ist die Tatsache, dass diese häufig in sogenannten *DevOps* (Entwicklung und Betrieb) entwickelt und betrieben werden. Das Ziel ist es, eine Systembetreuung durch das Entwicklerteam über den gesamten Softwarelebenszyklus zu gewährleisten (vgl. Fowler & Lewis, 2015, S. 15).

Dieses Merkmal ist jedoch keine zwingende charakteristische Eigenschaft einer Microservice-Architektur, da sich Microservices auch ohne *DevOps* umsetzen lassen (vgl. Wolff, 2016, S. 289).

Dezentrale *Governance*

Microservices betreffen nicht nur die Software-Architektur, sondern haben ausgeprägte Auswirkungen auf die Organisation. Eine zentrale *Governance* fokussiert in der Regel auf eine einzige technische Plattform für die Software-Entwicklung. Bei Microservices haben dagegen die dezentralen Entwicklungsteams die Wahl zwischen unterschiedlichen Optionen. Beispielsweise kann die Programmiersprache C++ für einen zeitkritischen Service genutzt werden. Für einen anderen Service kann dagegen JAVA als Pro-

grammiersprache zum Einsatz kommen. Für unterschiedliche Aufgabenstellungen können folglich unterschiedliche technologische Werkzeuge genutzt werden (vgl. Fowler &
Lewis, 2015, S. 16).

Ein weiterer Aspekt, welcher insbesondere durch Amazon publik wurde, ist das Ethos
You build it, You run it. Die dezentralen Entwicklungsteams sind für ihre Produkte un-
eingeschränkt verantwortlich, was einen Anreiz für eine qualitativ hochwertige Software bietet (vgl. ebenda, S. 16).

Dezentrales Datenmanagement

Unternehmen wollen häufig eine einzige Datenbank für eine Reihe von Anwendungen
verwenden. Auch Microservices könnten sich eine Datenbank teilen und gemeinsam auf
Datenbestände zugreifen, allerdings stellt insbesondere letzteres einen Verstoß gegen
den Grundsatz der Komponententrennung dar. Folglich verwaltet jeder Microservice
seine eigene Datenbank. In diesem Zusammenhang können unterschiedliche Datenbanksysteme in den einzelnen Services zum Einsatz kommen. Die Nutzung einer gemeinsamen Datenbankinstanz durch mehrere Microservices ist dabei nicht ausgeschlos-
sen, allerdings müssen die Datenbestände der einzelnen Services vollständig getrennt
sein. Jeder Service kann somit sein eigenes Datenbankschema in einer gemeinsamen
Datenbank nutzen, jedoch darf es keine Beziehungen zwischen den Schemata geben
(vgl. Newman, 2015 S. 69–70).

Die Abbildung 1 illustriert den traditionellen Ansatz unter Verwendung einer einzigen
Datenbank, im Vergleich zum Einsatz mehrerer unterschiedlicher Datenbanksysteme
innerhalb einer Microservice-Architektur.

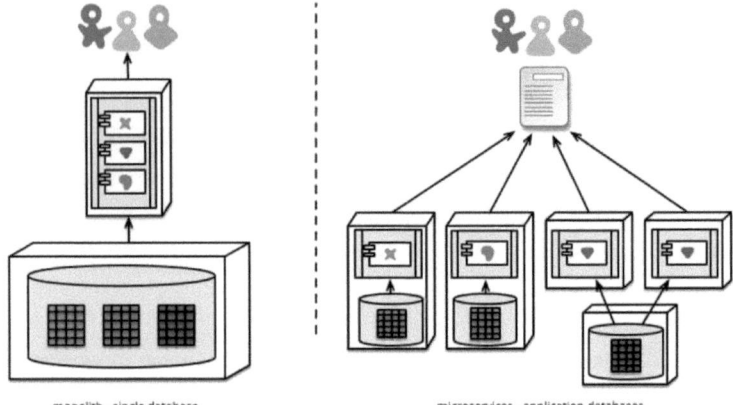

monolith - single database   microservices - application databases

Abbildung 1: Vergleich von Monolith und Microservices
Quelle: Fowler und Lewis, 2015

<u>Automatisierung der Infrastruktur</u>

Unternehmen, welche bereits den Microservice-Ansatz verfolgen, besitzen langjährige Erfahrungen mit *Continuous Delivery* und nutzen automatisierte Infrastrukturen (vgl. Fowler & Lewis, 2015, S. 18). Für eine technologische Unabhängigkeit läuft in der Regel jeder Microservice auf einem eigenen Server. Aufgrund der Vielzahl von Microservices innerhalb einer Anwendung, wäre dieses Konstrukt mit Hardware-Servern nicht zu bewerkstelligen. Folglich setzt der Betrieb von Microservices auf Virtualisierung. Das Management einer virtualisierten Infrastruktur gestaltet sich jedoch sehr aufwendig, was eine entsprechende Automatisierung für die Erzeugung virtueller Maschinen voraussetzt. Darüber hinaus ist für das kontinuierliche *Deployment* eine umfangreiche Infrastruktur-Automatisierung erforderlich, da ein manuelles *Deployment* einerseits zu fehleranfällig und andererseits aufgrund der Vielzahl von Services zu viel Aufwand bedeutet (vgl. Wolff, 2016, S. 80).

Design for failure

Eine aus Microservices bestehende Anwendung muss den Ausfall von einzelnen Services möglichst mit geringen Auswirkungen auf die Gesamtverfügbarkeit des Systems verkraften. Aufgrund der Unzuverlässigkeit von Netzwerken und Servern steigt die Gefahr von Serviceausfällen. Vor diesem Hintergrund müssen im Kontext der Systemarchitektur insbesondere die ausfallkritischen Abhängigkeiten zwischen den Services erkannt werden. Ferner müssen die Entwicklungsteams den Einfluss von Serviceausfällen auf die *User-Experience* fortlaufend überwachen (vgl. Fowler & Lewis, 2015, S. 18).

Bei der Gestaltung der einzelnen Services ist ein möglicher Ausfall einzuplanen. Zur Feststellung von Ausfällen können beispielsweise *Timeouts* innerhalb der Kommunikation zwischen den Services gesetzt werden. Des Weiteren kommen sogenannte *Circuit Breaker* zum Einsatz, um weitere Service-Aufrufe bei einem Fehlverhalten zu unterbinden und somit das System zu entlasten (vgl. Wolff, 2016, S. 207–210).

Der Video-on-Demand-Anbieter Netflix liefert mit Hystrix[2] ein Stabilitätspattern, was *Timeouts* und *Circuit Breaker* einsetzt.

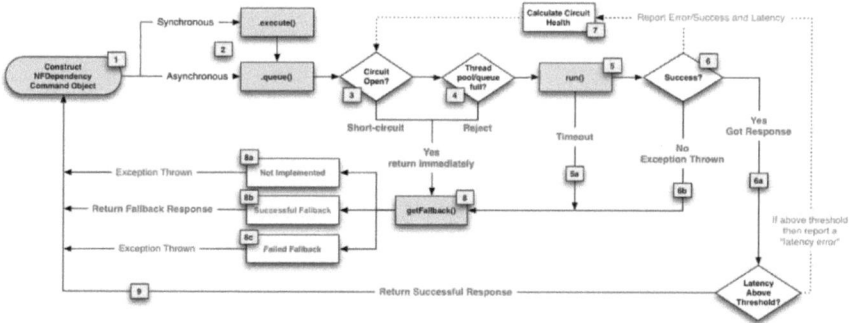

Abbildung 2: Netflix *DependencyCommand Implementation*
Quelle: Christensen, 2012

In diesem Stabilitätspattern werden Aufrufe in *Commands* [1] gekapselt. Diese finden in eigenen *Thread-Pools* statt. Durch getrennte *Thread-Pools* für jeden Microservice werden die Aufrufe der Services voneinander getrennt. Durch synchrone *execute()*-Methoden [2] werden die Services ausgeführt. Für das *Command* existiert neben der eigentlichen Aktion eine definierte Fallback-Aktion, welche bei Fehlverhalten durchgeführt wird. Der *Command* wird durch den *Circuit-Breaker* [3] überwacht. Zunächst werden die Anfragen ggf. auf ein *Timeout* [5a] geprüft. Schlagen in einem definierten Zeitraum mehrere Aufrufe fehl, wird ein dauerhafter Fehler diagnostiziert. Bei dauerhaftem Fehlverhalten werden weitere Aufrufe blockiert und sofort die *getFallback()*-Methode [8] aufgerufen. Diese Informationen fließen in das Monitoring der einzelnen

[2] Eine unter der Apache Lizenz zur Verfügung gestellte Bibliothek zur Entwicklung von robusten und verteilten Anwendungen (vgl. Landwehr, 2014).

Services ein, sodass im IT-Betrieb schnell auf die Fehler reagiert werden kann (vgl. Landwehr, 2014).

<u>Evolutionäres Design</u>

Ein weiteres Merkmal, welches laut Fowler und Lewis typisch für eine Microservice-Architektur ist, ist der Entwurfsansatz des evolutionären Designs. Dieser Ansatz propagiert die Entwicklung eines Softwaresystems in kleinen Schritten. Folglich werden zum aktuellen Zeitpunkt lediglich die vorhandenen Minimalanforderungen implementiert. Darauf aufbauend wird die Anwendung auf einfache Weise an die neuen Anforderungen angepasst und weiterentwickelt. Aus der strengen Kapselung eines Microservices folgt, dass Änderungen jederzeit möglich sind und Dienste somit prinzipiell beliebig durch neue Implementierungen ersetzt und ergänzt werden können (vgl. Daya, 2015, S. 28; Fowler & Lewis, 2015, S. 19).

Die gezeigten Perspektiven sind für eine Definition des Microservice-Ansatzes sehr hilfreich. Die unterschiedlichen Eigenschaften zeigen, was Microservices ausmachen und wie diese funktionieren. Das folgende Unterkapitel soll die daraus resultierenden Vorteile aufzeigen.

3.3 Vorteile

Eine aus Microservices bestehende Anwendung bietet einige technische und organisatorische Vorzüge. Ein Vorteil entsteht aus dem effektiven Modularisierungskonzept. Entwickler müssen explizit die Kommunikationsmöglichkeiten zwischen den einzelnen Services schaffen, wodurch ungewünschte Abhängigkeiten zwischen den Services von vornherein vermieden werden. Das ermöglicht eine nachhaltige Entwicklung, da sich die Architektur bezogen auf das Gesamtsystem mit der Zeit kaum verschlechtert. Ein weiterer Vorteil im Zusammenhang der Modularisierung besteht darin, dass sich ein Microservice in mehr als einer Applikation einsetzen lässt. Einmal entwickelt kann er später für eine Funktion in vielen weiteren Applikationsarchitekturen sorgen.

Mit großen Software-Systemen gehen hohe Aufwände bei der Erweiterung oder Ablösung dieses Systems einher. Microservices können dagegen aufgrund ihrer Größe deutlich leichter durch eine neue Implementierung ersetzt werden. Bei schlechter Qualität eines Services kann im Extremfall der gesamte Microservice neu geschrieben werden, was langfristig eine hohe Architekturqualität gewährleistet. Bei der Neuimplementierung sind die Entwicklungsteams nicht an den alten Technologie-Stack gebunden, sondern können je nach Anforderung an den Service die geeignetste Technologie verwenden. Diese technologische Freiheit ist ein weiterer Vorteil von Microservices. Services können in einer beliebigen Sprache umgesetzt werden, wodurch neue Technologien an einem unkritischen Service ausprobiert und später für andere genutzt werden können. Insbesondere vor dem Hintergrund, dass jeder Service unterschiedliche Aufgaben erfüllt, besteht die Möglichkeit, für jedes Problem die am besten geeignetste Programmiersprache oder ein spezielles Framework zu nutzen. Ferner ist es möglich, die im System anfallenden Daten auf unterschiedliche Weise zu speichern, sodass einzelne Services eine spezielle Datenbank verwenden (vgl. Wolff, 2016, S. 66).

Ein weiterer Vorteil besteht in der Skalierbarkeit einer Microservice-Architektur. Bei einem *Deployment*-Monolithen muss jeweils die gesamte Anwendung skaliert werden, wenn auch nur ein kleiner Teil des Systems nicht ausreichend performant ist. Microservices dagegen können problemlos auf mehreren Servern laufen und somit die Last verteilen (Abbildung 3). Wird ein Service einer Applikation zu einem Zeitpunkt mehr in Anspruch genommen als die anderen, ist er in der Lage, eigenständig zu skalieren, ohne die restlichen Teile der Applikation negativ zu beeinflussen.

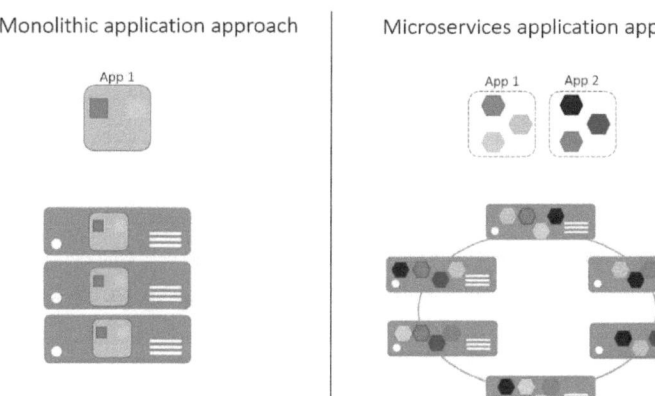

Abbildung 3: Skalierung eines Monolithen vs. Microservices
Quelle: Fussell, 2015

Weiterhin kann es nützlich sein, die Services an unterschiedlichen Stellen im Netzwerk zu platzieren. Bei globalen Rechenzentren können die Anfragen jeweils die nächstgelegen Rechenzentren bearbeiten und somit die Antwortzeiten der Aufrufer minimieren (vgl. ebenda, S. 65).

Tritt ein Fehler innerhalb eines *Deployment*-Monolithen auf, kann dieser den gesamten Monolithen zum Absturz bringen. Fällt dagegen ein Microservice aus, beeinflusst er damit nicht die gesamte Applikation, sondern nur die Funktionalität, die er abbildet. Das setzt voraus, dass der Microservice bei einem Ausfall mindesten einen *Default*-Wert zum sinnvollen Weiterarbeiteten zurückliefert. Durch das Aufteilen des Systems in mehrere Prozesse respektive Services entsteht die Basis für ein sehr robustes System.

Einer der wichtigsten Gründe und Vorteile, welcher für Microservices spricht, ist das kontinuierliche Bereitstellen (*Continuous Delivery* (CD)). CD bringt die Software durch einen einfachen und wiederholbaren Prozess in Produktion. Dabei kommen Techniken wie Testautomatisierung, kontinuierliche Integration (*Continuous Integration*) und kontinuierliche Installation zum Einsatz. Für die Produktivsetzung durchläuft die Software einzelne Phasen einer sogenannten *Continuous-Delivery-Pipeline* (Abbildung 4).

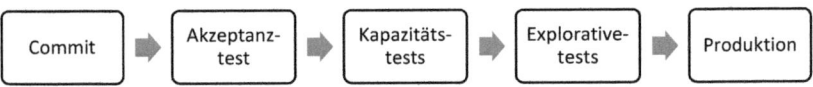

Abbildung 4: *Continuous-Delivery-Pipeline*
Quelle: Wolff, 2016, S. 63

Aufgrund der Unabhängigkeit einzelner Microservices können diese losgelöst von anderen Services in Produktion gebracht werden. Durch deren geringe Größe ist der Durchlauf durch die Pipeline deutlich schneller als bei einer umfangreichen monolithischen Anwendung. Durch die schnelle und kontinuierliche Produktivsetzung erhalten die Entwicklungsteams ein schnelles Feedback zu ihrem Service und können ggf. notwendige Anpassungen vornehmen. Weiterhin sinkt das Gesamtrisiko eines Software-*Deployments*, da selbst bei einer fehlerhaften Installation diese leichter zurückgerollt werden kann als dies bei einer monolithischen Gesamtanwendung der Fall ist (vgl. ebenda, S. 64).

Neben den technischen Vorteilen ergeben sich durch eine Microservice-Architektur auch einige organisatorische Vorteile. Diese Vorzüge resultiert aus der technischen Unabhängigkeit einzelner Services. Diese Unabhängigkeit hat Auswirkungen auf die Teamkommunikation, welche sich aufgrund kleiner Teams deutlich einfacher gestaltet. Befürworter des Microservice-Ansatzes begründen diesen organisatorischen Vorteil mit dem Gesetz von Conway, welches besagt:

„[…] organizations which design systems […] are constrained to produce designs which are copies of the communication structures of these organizations." (Conway, 1968).

Folglich wird eine organisatorische Änderung durch den Microservice-Ansatz begünstigt und die Selbstständigkeit sowie Eigenverantwortlichkeit der Teams gefördert. Durch die volle Verantwortung der Teams für einzelne, unabhängige Services ergibt sich ein geringerer Koordinationsaufwand als es bei einer monolithischen Architektur der Fall wäre. Darüber hinaus kann durch diesen Ansatz ein großes Softwareprojekt in mehrere kleine Projekte aufgeteilt werden. Kleine Projekte ermöglichen ohne viel Kommunikations-Overhead ein schnelleres Vorgehen als Großprojekte. Die Entwicklungsteams können gleichzeitig und dabei unabhängig voneinander am Gesamtsystem arbeiten. Schwierigkeiten bei einem einzelnen Team müssen die anderen Teams nicht beeinflussen, folglich sinken insgesamt die Risiken bei der Systementwicklung (vgl. Wolff, 2016, S. 67–70).

3.4 Herausforderungen

Die Entwicklung eines Systems auf der Basis einer Microservice-Architektur ist nicht frei von Herausforderungen. Eine der größten Herausforderungen ist die Zerlegung des Systems, sodass in angemessener Weise zugeschnittene und möglichst unabhängige Dienste entstehen. Die Architektur beeinflusst nicht nur die Qualität des Gesamtsystems, sondern auch die unabhängige Arbeit der Entwicklungsteams und somit die Organisation. Insbesondere der fachlichen Architektur ist in diesem Kontext ein hoher Stellenwert einzuräumen. Dazu ist es erforderlich, die Prozesse des Geschäftsbereiches zu verstehen, um dann eine eindeutige Modularisierung vorzunehmen (vgl. Wolff, 2016, S. 77–78).

Eine weitere wesentliche Herausforderung ergibt sich aus der Tatsache, dass eine aus Microservices bestehende Applikation ein verteiltes System darstellt. Die Kommunikation zwischen den Services erfolgt über das Netzwerk, was die Antwortzeit und Zuverlässigkeit negativ beeinflusst. Nutzen Microservices häufig die Funktionalitäten anderer

Services, ist das ein Indikator für einen mangelnden fachlichen Systemschnitt. Im Idealfall sollen die Services weitgehend unabhängig voneinander sein und nicht zuletzt aus Gründen der Performance wenig miteinander kommunizieren. Vor dem Hintergrund einer erhöhten Ausfallwahrscheinlichkeit ist es darüber hinaus essenziell, dass die anderen Services einen Service-Ausfall kompensieren und nicht das Gesamtsystem in Mitleidenschaft ziehen. Services sollten dazu über eine einfache Möglichkeit verfügen, Fehler in ihren Abhängigkeiten zu behandeln, damit auch im Fehlerfall weiterhin auf Anfragen reagiert werden kann. Das bedeutet, dass Resilienz in jeden Service eingebaut werden sollte, damit letztlich lediglich die Funktionalität nicht zur Verfügung steht, welche durch den ausgefallenen Service ursprünglich bereitgestellt werden sollte (vgl. Hoff, 2014 & Wolff, 2016, S. 73–76).

Der Technologie-Pluralismus im Umfeld von Microservices stellt ebenfalls eine Herausforderung dar. Aufgrund der technologischen Freiheit steigt die Komplexität des Gesamtsystems. Zwar muss jedes Team nur seinen zu verantwortenden Microservice verstehen, ist jedoch beispielsweise aus Betriebssicht ein Verständnis über das Gesamtsystem erforderlich, können viele unterschiedliche Technologien die Komplexität des Systems unnötig erhöhen. Um dieser Herausforderung zu begegnen, kann aus Betriebsaspekten eine gemeinsame technische Basis wie ein einheitliches *Logging-Framework* definiert werden (vgl. ebenda, S. 77).

Weitere Herausforderungen ergeben sich durch eine komplexe Infrastruktur. Zur Gewährleistung der technologischen Unabhängigkeit sollte jeder Microservice auf einem eigenen Server zur Verfügung gestellt werden. Aufgrund der Vielzahl von Services ist diese weder mit Hardware-Servern noch mit virtualisierten Umgebungen effizient zu handhaben. Folglich muss im Vergleich zu monolithischen Anwendungen eine deutlich stärkere automatisierte technische Infrastruktur – insbesondere für das *Deployment* und Monitoring – bereitgestellt werden. Insbesondere für das *Deployment* bedarf es im Idealfall pro Service einer eigenen *Continuous-Delivery-Pipeline,* damit jeder Microservice unabhängig in Produktion gebracht werden kann. Die Menge an dafür erforderlichen Umgebungen muss eingerichtet und gewartet werden, was zusätzlichen Aufwand auf der Seite des Betriebes bedeutet. Unternehmen nutzen in diesem Zusammenhang häufig Container-Technologien wie Docker[3] (vgl. Prott, 2015).

Eine weitere Herausforderung aus Betriebssicht ist das Monitoring. Die Überwachung einer monolithischen Anwendung gestaltet sich im Vergleich zu einer Microservices-Anwendung deutlich einfacher. Der Monolith kann mittels geeigneter Werkzeug in Gänze durch einen Administrator überwacht werden. Bei einem Microservice-System muss ein Monitoring aufgebaut werden, welches alle einzelnen Services umfasst und gleichzeitig auch das Zusammenspiel der Services protokolliert, um ggf. notwendige Optimierungen innerhalb der Gesamtanwendung zu identifizieren. Im Rahmen der Überwachung gilt es, eine Reihe von Fragen zu beantworten: Welche Services haben gerade Überlast oder sind gerade nicht verfügbar? Welche Services liefern gerade zuverlässig Daten, die nicht verarbeitet werden können? Beispielsweise kann für den Aufbau eines geeigneten Monitorings projektübergreifend festgelegt werden, dass jeder Service über eine einfache HTTP-Schnittstelle Monitoring-Daten liefert (vgl. Prott, 2015 & Wolff, 2016, S. 253–255).

Newman warnt vor einer vollständigen Neuentwicklung mittels einer Microservice-Architektur. Vielmehr wird empfohlen, eine vorhandene monolithische Anwendung aufzuspalten oder sogar erst eine monolithische Anwendung zu entwickeln und nach einer Zeit der Stabilisierung diesen in Microservices aufzuspalten (vgl. Newman, 2015, S. 311). Auch Wolff bevorzugt die Aufspaltung eines Monolithen in kleine Services und erachtet einen Start auf der grünen Wiese als nicht sinnvoll, da die frühzeitige Aufteilung in Microservices vermutlich zu einem späteren Zeitpunkt angepasst werden muss (vgl. Wolff, 2016, S. 370–371).

4 Querschnittsaspekte von Microservices

Vor dem Hintergrund der Unabhängigkeit der einzelnen Services stellt sich die Frage, ob und wie Querschnittsfunktionalitäten innerhalb einer Microservice-Architektur behandelt werden. Nachfolgend betrachtet der Autor diese Frage anhand der Authentifizierung und Autorisierung innerhalb eines aus Microservices bestehendem System.

---

[3] Docker ist eine Open-Source-Technologie, mit der verteilte Anwendungen innerhalb von Software-Containern erstellt, ausgeführt, getestet und verteilt werden können.

Die Authentifizierung prüft die Identität des Benutzers. Dies geschieht in der Regel durch die Eingabe eines Benutzernamens und Passwortes. Die Autorisierung prüft die mit dem authentifizierten Nutzer verbundenen Berechtigungen und entscheidet, ob der Benutzer eine bestimmte Handlung ausführen darf. Innerhalb einer monolithischen Anwendung werden in der Regel die Authentifizierung und Autorisierung abgewickelt. In einem verteilten System mit einzelnen Services wäre es allerdings nicht zielführend, jedes Mal Benutzername und Kennwort abzufragen. Folglich wird im Rahmen einer Microservice-Architektur ein zentraler Server genutzt.

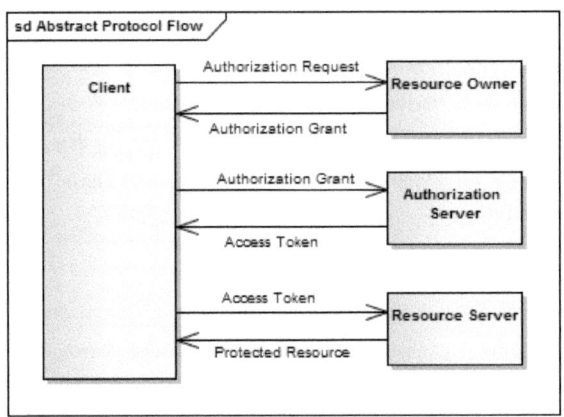

Abbildung 5: Das OAuth2-Protokoll
Quelle: Kern, 2015, S. 38

Im ersten Schritt öffnet der Client beispielsweise ein Formular zur Passworteingabe durch den *Resource Owner*. Diese Eingaben nutzt der Client, um anschließend beim *Authorization Server* einen Zugangstoken zu erhalten. Innerhalb des Tokens können kodierte Informationen - wie bestimmte Berechtigungen - enthalten sein. Für Anfragen an die einzelnen Services kann der Token im http-Header untergebracht werden. Die einzelnen Microservices können auf der Basis der mitgelieferten Informationen des Zugangstokens den Zugriff kontrollieren (vgl. Wolff, 2016, S. 153–155).

Weitere Querschnittsaspekte wie *Logging*, Transaktionsbehandlung, Monitoring oder Sicherheit müssen nicht im Microservice selbst, sondern können mithilfe sogenannter *Sidecar*-Services implementiert werden. Als *RESTful*-Services angeboten, können diese von anderen Microservices verwendet werden. Der *Sidecar*-Prozess ist technologieunabhängig zum Microservice und macht Standardtechnologien innerhalb einer Microservice-Architektur verfügbar (vgl. ebenda, S. 139–140).

5 Microservices bei der OTTO GmbH & Co. KG

Dieses Kapitel zeigt anhand eines praktischen Beispiels die Umsetzung einer Microservice-Architektur an der E-Commerce-Plattform der Firma OTTO.

Im Jahr 2011 entschied sich OTTO für einen vollständigen Neubau der E-Commerce-Plattform www.otto.de. Das Ziel war die Ablösung der bisher eingesetzten Standardsoftware zugunsten einer Eigenentwicklung mit einer leichtgewichtigen Architektur, wobei gleichzeitig ein agiles Entwicklungsvorgehen nach Scrum[4] etabliert werden sollte (vgl. Kraus et al., 2013, S. 8).

Beginnend mit einem einzelnen System und einer Code-Basis, wuchs das System im Zeitverlauf schnell an, der Überblick über das System ging verloren und sowohl bewusst als auch unbewusst entstanden Abhängigkeiten innerhalb der Gesamtanwendung. Basierend auf diesen Erfahrungen im Rahmen der Softwareentwicklung, entschied sich der IT-Bereich von OTTO frühzeitig dazu, das Gesamtsystem in kleine, unabhängige Teilsysteme gemäß der spezifischen Fachdomäne zu gliedern und diese durch jeweils eigenständige Entwicklungsteams umzusetzen (Abbildung 5).

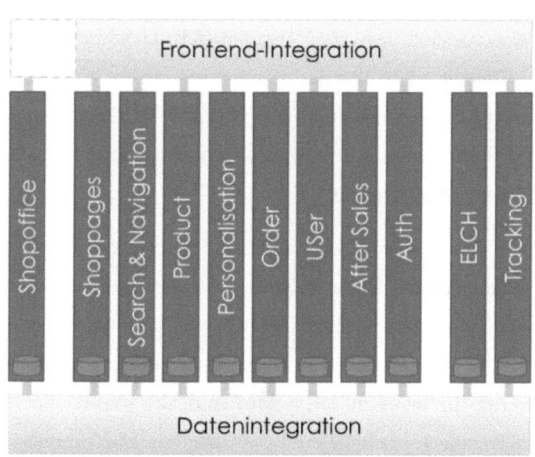

Abbildung 6: Systemschnitt anhand von Fachdomänen
Quelle: eigene Darstellung in Anlehnung an Kraus (vgl. Kraus et al., 2013, S. 9)

---

[4] Agile Entwicklungsmethode mit Fokus auf Selbstorganisation (vgl. it-agile GmbH, 2015).

Die einzelnen Teilsysteme sind unter anderem durch folgende Eigenschaften gekennzeichnet:

- eigene Benutzeroberfläche
- eigene Persistenz
- klare Zuständigkeit
- keine Code-Abhängigkeiten
- separat installationsfähig
- Kommunikationsschnittstellen über *REST*

Mittels dieser Eigenschaften lässt sich erkennen, dass jedes vertikale Teilsystem sämtliche Schichten einer horizontalen Architektur (Präsentation, Anwendungslogik, Datenhaltung) enthält. Durch diese bewusste Gliederung erreicht OTTO eine lose Kopplung zwischen den Systemen und sorgt durch eine klare Aufgabendefinition innerhalb der einzelnen Services für eine hohe Kohäsion. Jede Vertikale erfüllt unabhängig und eigenständig ihre Aufgaben und enthält keine Session-Daten und lokalen Caches (*Shared-Nothing*-Ansatz). Darüber hinaus verzichtet OTTO durch die überschaubare Größe der Teilsysteme auf den Einsatz komplexer Frameworks. Ferner können sich neue Teammitglieder schnell in das System einarbeiten (vgl. Steinacker, 2015).

Trotz verteilter Systeme muss sichergestellt sein, dass eine entwickelte Software aus Anwendersicht als eine einzelne Einheit wirkt. Für das Zusammenspiel der einzelnen Teilsysteme hat OTTO mittels einer Makro-Architektur übergreifende Architektur- und Entwicklungsrichtlinien für jedes Team festgelegt. Die Mikro-Architektur des einzelnen Teilsystems obliegt hingegen den Entwicklungsteams.

Für eine enge Integration setzt OTTO auf einen *Frontend*-Server, welcher die HTML-Seite aus HTML-Fragmenten zusammensetzt. Diese Fragmente werden durch die einzelnen Services ausgeliefert. Damit die verschiedenen Services für eine einheitliche Präsentation sorgen, bedienen sich die verschiedenen Teilsysteme derselben *Cascading Style Sheets*, *Images* und Java-Script-Bibliotheken. Diese Medieninhalte werden durch einen *Asset Server* bereitgestellt. Für die Kommunikation zwischen den Microservices wird ausschließlich *REST* eingesetzt (vgl. Kraus et al., 2013 S. 11–12).

Im Hinblick auf die Datenhaltung und Datenversorgung ist für alle Daten immer genau ein Service als Master verantwortlich und definiert den aktuellen Stand. Benötigt ein anderer Service von diesem Master Daten, werden diese redundant im anfordernden Service gespeichert. Die Services haben eine streng getrennte Datenhaltung und teilen sich kein Datenbankschema. Die asynchrone Datenversorgung erfolgt zyklisch über die *REST*-Schnittstelle des führenden Systems. Der Datenkonsum ist über *Feeds* im Pull-Prinzip sichergestellt, wobei Delta-Importe bevorzugt werden. In diesem Zusammenhang werden vorübergehende Inkonsistenzen akzeptiert, solange die verschiedenen Informationen kurzfristig wieder einen konsistenten Stand erreichen. Für zeitkritische Services erfolgt eine Kombination aus Push- und Pull-Versorgung, wodurch abweichende Datenstände sehr kurz gehalten werden (vgl. ebenda, S. 12).

Angekommen bei mehreren 100.000 Zeilen Code und einiger interdisziplinärer Umsetzungsteams mit ca. 100 Personen, ist der IT-Bereich von OTTO in der Lage, immer mehr Anforderungen schnell umzusetzen, die Wartbarkeit einer großen Applikation sicherzustellen und bei Bedarf schnell und zuverlässig zu skalieren (vgl. ebenda, S. 13).

6 Fazit

Die Entwicklung von Anwendungen basierend auf Prinzipien des Microservice Architekturstils ist ein Modularisierungsansatz, welcher einige Vorteile mit sich bringt. Insbesondere das einfache Ersetzen bestehender Dienste verspricht langfristige und wartungsfreundliche Systeme. Darüber hinaus ermöglichen Microservices die Skalierung agiler Prozesse mithilfe der Architektur. Ein großes Softwareprojekt wird in eine Vielzahl kleiner Projekte zerlegt und die Umsetzungsteams arbeiten unabhängig voneinander an der Entwicklung. Aufgrund der Unabhängigkeit sinken die Kommunikationsbeziehungen, was zu einem deutlichen Effizienzgewinn führt. Durch unabhängige *Deployments* gewinnen die Teams auch viele technische Freiheiten. Einschränkend muss eingeräumt werden, dass der Architekturstil derzeit zwar verstärkt Anwendung findet, die langfristigen Auswirkungen sich jedoch erst in den nächsten Jahren ergeben. Eine der größten Herausforderungen in Bezug auf die Umsetzung von Microservices ist die Zerlegung des Systems, sodass in angemessener Weise zugeschnittene Dienste entstehen. Ferner wird zur Implementierung eine deutlich stärker automatisierte technische Infrastruktur vorausgesetzt. Trotz aller Vorteile und Effizienzsteigerungen sind Microservices keine Möglichkeit, um die Kosten der Software-Entwicklung zu reduzieren. Vielmehr geht es darum, die Qualität, die Wartbarkeit und die Reaktionsgeschwindigkeit auf neue Anforderungen zu verbessern.

Literaturverzeichnis

Christensen, Ben (2012): Fault Tolerance in a High Volume, Distributed System, http://techblog.netflix.com/2012/02/fault-tolerance-in-high-volume.html (Zugriff 27.11.2015).

Conway, Melvin E. (1968): How Do Committees Invent?, in: *F. D. Thompson Publications, Inc.* (Hrsg.), Datamation, 1968, S. 28–31.

Daya, Shahir (2015): Microservices from theory to practice: Creating applications in IBM Bluemix using the microservices approach, Poughkeepsie, NY: IBM Corporation, International Technical Support Organization, 2015.

F. D. Thompson Publications, Inc. (Hrsg.) (1968): Datamation: F. D. Thompson Publications, Inc., 1968.

Fowler, Martin/Lewis, James (2015): Microservices: Nur ein weiteres Konzept in der Softwarearchitektur oder mehr?, in: Objektspektrum (2015), S. 14–21.

Fussell, Mark (2015): Gründe für einen Microservice-Ansatz zum Erstellen von Anwendungen, https://azure.microsoft.com/de-de/documentation/articles/service-fabric-overview-microservices/ (Zugriff 20.12.2105).

Hoff, Todd (2014): Microservices – Not a free lunch!, http://highscalability.com/blog/2014/4/8/microservices-not-a-free-lunch.html (Zugriff 29.12.2015).

it-agile GmbH (2015): Scrum, http://www.it-agile.de/wissen/methoden/scrum/ (Zugriff 02.01.2016).

Kern, Karl Martin (2015): IT-Sicherheit Anwendungssicherheit: AuthN/AuthZ in der Cloud, http://docplayer.org/4866576-It-sicherheit-anwendungssicherheit-authn-authz-in-der-cloud.html (Zugriff 02.01.2016).

Kraus, Stephan/Steinacker Guido/Wegner, Oliver (2013): Teile und Herrsche: Kleine Systeme für Grosse Architekturen, in: Objektspektrum 5-2013 (2013), S. 8–13.

Landwehr, Arne (2014): Hystrix – damit Ihnen rechtzeitig die Sicherung durchbrennt, https://www.innoq.com/de/articles/2014/08/hystrix-artikel/ (Zugriff 27.11.2015).

Lipinski, Klaus (2015): Monolithische Software-Architektur, http://www.itwissen.info/definition/lexikon/Monolithische-Software-Architektur.html (Zugriff 14.11.2015).

Newman, Sam (2015): Microservices (mitp Professional): Konzeption und Design, Frechen: mitp, 2015.

Prott, Karl (2015): Software-Entwicklung 4.0 – Microservices, https://www.de.capgemini.com/blog/it-trends-blog/2015/12/software-entwicklung-40-microservices (Zugriff 30.12.2015).

Steinacker, Guido (2015): Von Monolithen und Microservices, http://www.informatik-aktuell.de/entwicklung/methoden/von-monolithen-und-microservices.html (Zugriff 14.11.2015).

Vogel, Oliver/Arnold, Ingo/ Chughtai Arif/Ihler, Edmund u. Kehrer, Timo. (2009): Software-Architektur: Grundlagen – Konzepte – Praxis, 2. Aufl., Heidelberg: Spektrum Akademischer Verlag, 2009.

Wolff, Eberhard (2015): Microservices und Continuous Delivery: Nur zusammen möglich?, https://www.innoq.com/de/blog/microservices-und-continuous-delivery/ (Zugriff 14.11.2015).

Wolff, Eberhard (2016): Microservices: Grundlagen flexibler Softwarearchitekturen, Heidelberg: dpunkt.verl., 2016.

Zilske, Stefan (2014): Business Capabilities – der Schlüssel zur guten Unternehmensstrategie?, https://www.holisticon.de/2014/10/business-capabilities-der-schluessel-zur-guten-unternehmensstrategie/ (Zugriff 21.11.2015).

BEI GRIN MACHT SICH IHR WISSEN BEZAHLT

- Wir veröffentlichen Ihre Hausarbeit,
  Bachelor- und Masterarbeit

- Ihr eigenes eBook und Buch -
  weltweit in allen wichtigen Shops

- Verdienen Sie an jedem Verkauf

Jetzt bei www.GRIN.com hochladen und kostenlos publizieren